Début d'une série de documents
en couleur

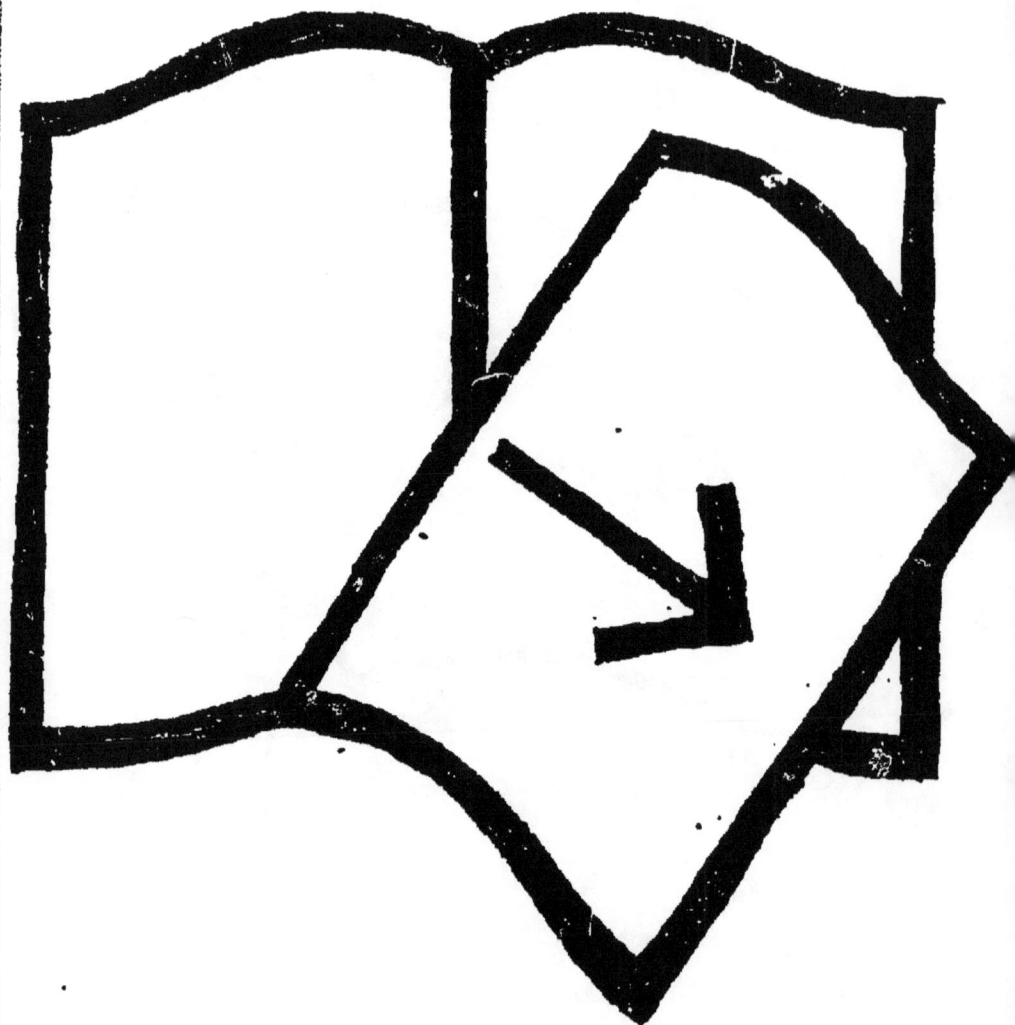

Couverture inférieure manquante

DOCUMENTS ADMINISTRATIFS

DE LA

SOCIÉTÉ

DES

TRAVAILLEURS-UNIVERSELS

LETTRE-CIRCULAIRE

qui sera envoyée par le futur Fondateur aux premiers
Dignitaires des Puissances
de l'Europe et des Deux-Amériques

PAR

AMÉDÉE CATTEY FILS AINÉ

A DELLE

AUTEUR ET FUTUR FONDATEUR

1886

IMPRIMERIE DEVILLERS A BELFORT.

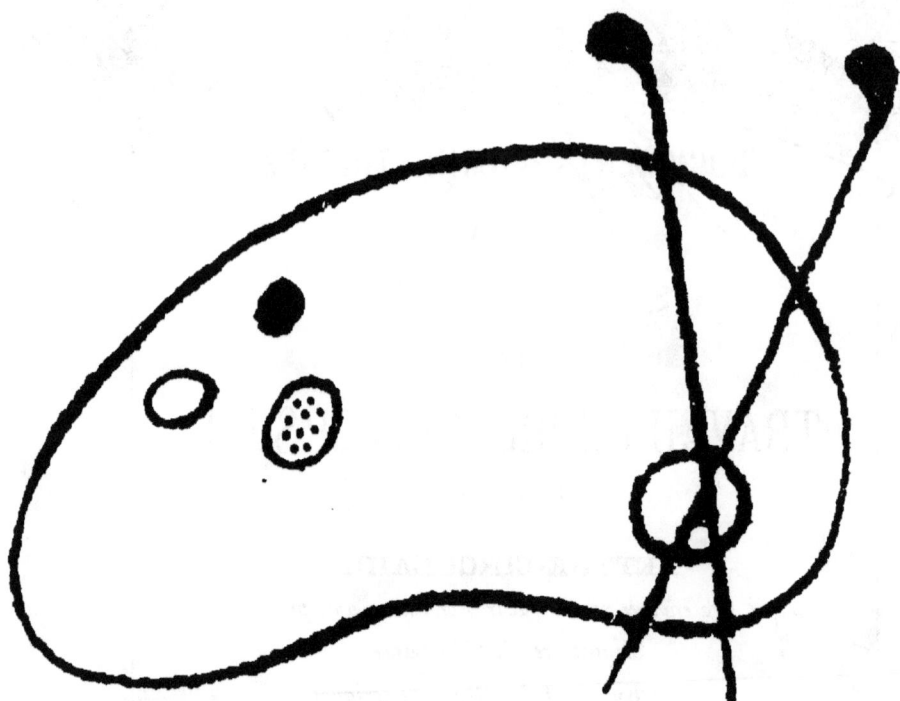

Fin d'une série de documents
en couleur

DOCUMENTS ADMINISTRATIFS

DE LA

SOCIÉTÉ

DES

TRAVAILLEURS-UNIVERSELS

LETTRE-CIRCULAIRE

qui sera envoyée par le futur Fondateur aux premiers
Dignitaires des Puissances
de l'Europe et des Deux-Amériques

PAR

AMÉDÉE CATTEY FILS AINÉ

A DELLE

AUTEUR ET FUTUR FONDATEUR

1886

IMPRIMERIE DEVILLERS A BELFORT.

Monsieur,

Le sieur CATTEY (Amédée) aîné, banquier, demeurant à Delle, territoire de Belfort (France),

A l'honneur, par la présente circulaire, de soumettre à votre bienveillant et précieux examen :

Le projet qu'il a formé de créer une association libérale-philanthropique qui devra porter le titre d'**Association des Travailleurs-Universels de la France, de l'Europe et des Deux-Amériques.**

Il sollicite de votre urbanité, de votre bienveillant et puissant ministère un appui efficace, soit un don fait à l'œuvre, soit votre protection, à l'effet de hâter l'accomplissement des premières formalités qui seront exigées par les lois françaises et d'obtenir l'autorisation du Gouvernement.

Dans le cas que **Monsieur** _____ daignera bien lui accorder sa confiance, il aura l'honneur, jusqu'au moment de l'organisation, de lui faire connaître tout ce qu'il importera de savoir dans cet ordre d'idées.

Pour le début de la constitution de l'œuvre libérale-philanthropique, le fondateur demande que chaque grand dignitaire qui daignera adhérer à cette œuvre toute humanitaire contribue à sa première gloire en apportant, en premier lieu, un don généreux en espèces, qui sera destiné aux premiers frais de la mise en œuvre. En ce cas, il doit soumettre au bienveillant jugement des premiers donataires de cette œuvre puissante, qu'il se propose de commencer son entreprise ainsi :

1° Une société en participation à l'épargne ayant pour titre : **La Caisse d'Epargne des Travailleurs-Universels**, sera formée entre tous ceux qui adhéreront, laquelle aura pour but d'acquérir, à terme et au comptant, des actions qui seront créées par la Cⁱᵉ générale des Travailleurs-Universels, dont le capital et les intérêts seront portés, lors de la liquidation, entre tous les participants, au prorata de la mise de chacun d'eux. Et ces fonds ainsi convertis au nominatif, resteront en dépôt dans la nouvelle Société anonyme de banque et d'épargne, qui sera intitulée : **La Compagnie générale des Travailleurs-Universels**, pour produire de nouveaux intérêts. Le premier siège social pourra être fixé à Besançon (Doubs) ; en France, il pourra être transféré ailleurs, à Paris ou dans une autre ville importante. Les actions émises par la Société La Compagnie des Travailleurs-Universels seront de 500 francs, libérées à 125 francs ; elles seront achetées par la Caisse d'Epargne des Travailleurs-Universels à ces prix, qui les vendra aux conditions ordinaires de ses ventes à terme ou au comptant, et tous les engagements seront signés par le Président, fondateur de l'œuvre.

2° Une société anonyme de banque et d'épargne, qui sera créée par actions d'après les lois qui existent en France ; elle aura pour titre : **La Compagnie géné-**

rale des Travailleurs-Universels, qui sera formée par les propriétaires des actions créées ; elle
aura pour but de faire toutes les opérations de banque
et d'épargne de quelque nature que ce soit et de
contracter toutes affaires ayant la philanthropie et le
libéralisme pour base, le développement progressif
des doctrines humanitaires, philosophiques, sociales
et libérales dans l'Univers.

3° La Société-Mère des Travailleurs-Universels,
qui portera le nom : **L'Association générale des
Travailleurs-Universels de la France, de l'Europe et des Deux-Amériques réunis.** Cette
grande corporation n'admettra dans son ensemble
qu'un chiffre limité de membres : douze mille
membres sociétaires en France et cinquante mille
sociétaires honoraires en Europe et dans les Deux-
Amériques.

4° Le journal de la grande corporation universelle
sera l'**Invincible** des Travailleurs-Universels réunis
de la grande Patrie. Le rédacteur en chef sera le
fondateur de l'œuvre. Dans le début, il ne paraîtra
que deux fois par mois.

5° Le fondateur ne créera que trois grands chefs
principaux qui seront aussi appelés : Les Trois
Noyaux de l'Association. Le premier aura son siège
à New-York, il devra être de nationalité américaine.
Le deuxième aura son siège à Saint-Pétersbourg, il
devra être de nationalité russe, et le troisième aura
son siège à Paris et il devra être de nationalité
française.

6° Les puissances qui seront admises à la création
de l'œuvre à profiter des bienfaits qu'elle amènera,
seront : les Deux-Amériques, la Russie, l'Espagne,

l'Italie, l'Autriche et la France ; d'autres puissances pourront être admises par la suite.

7° Les trois grands chefs principaux devront, pour avoir obtenu ces titres, avoir le plus puissamment contribué à la gloire, à la prospérité, à la célébrité et à la grande activité de cette grande mère association universelle libérale et philanthropique, soit par un don en espèces fait au fondateur ou par leur appui moral, intellectuel, matériel et protecteur.

8° Le fondateur a l'avantage de vous annoncer que tous les statuts élaborés par ses soins sont terminés, ainsi que toutes les instructions générales des premières maximes pour l'application de l'œuvre, celles de développement et de pratique. Toutes les doctrines en général seront publiées en brochures, en volumes et insérées au journal l'**Invincible** des Travailleurs-Universels lors de sa création future.

9° En voici les principaux titres :

1° Documents administratifs de la Société.

2° Doctrines de l'Association.

3° Œuvres de l'Association.

4° Premières maximes de la Société.

5° Règles générales de l'Association.

6° Règlements de la Société.

7° Titres de l'Association.

8° Organisation de la Société.

9° Fondation de la Société.

10° Pratique de la Société.

11° Développement de l'Association.

12° Elaboration des statuts généraux.

13° Manuscrits et cahiers de l'œuvre.

14° Publications périodiques de l'œuvre.

15° Brochures périodiques de l'œuvre.

16° L'**Invincible**, journal périodique et libéral de la Société.

17° Bible de l'Association.

18° Code de la Société.

19° Catéchisme de la grande corporation libre.

20° Propagandes périodiques de l'œuvre.

21° Ecrits, propagations universelles, progressives, du progrès libéral-philanthropique.

22° Les principes d'union, de force, de concorde et de solidarité prêchés aux groupes des Travailleurs-Universels qui auront adhéré à l'œuvre et qui en feront partie dans une classe ou dans une autre à quel titre que ce soit.

But et Opérations de la Compagnie générale des Travailleurs-Universels.

Le fondateur a l'espoir de donner une extension formidable à l'institution de cette grande société de libéraux. L'utilité de sa création n'aura pas besoin d'être démontrée surtout lorsque, comme la Compagnie générale des Travailleurs-Universels, elle n'aura pas pour but la spéculation, mais bien la propagation des bienfaits qu'elle se proposera de rendre chaque jour. Il est certain que le libéralisme et la philanthropie pour tous les peuples entrera dans les mœurs de toutes les générations futures et qu'il devra être pour tout homme soucieux et intelligent la sécurité continuelle de la société.

Loin des manifestations arbitraires de certains groupes révolutionnaires, de tous partis politiques ou sectes-religieuses qui auraient pour but l'ostracisme et l'oppression, la Compagnie générale des Travailleurs-Universels n'aura qu'un souci : s'entourer de vrais obligataires et actionnaires, qui devront être libéraux et qui adhéreront en même temps aux grands principes et aux premières maximes des Travailleurs-Universels, gonfler son portefeuille et augmenter son prestige purement libéral, philanthropique, philosophique, moralisateur et hygiénique.

La sécurité des grands intérêts dont elle sera gardienne reposera sur une longue expérience des affaires d'épargne, de banque, de progrès et de travail, qui servira de guide à la direction générale de la Compagnie.

Quelle sera la situation sociale et les avantages ?

La Compagnie sera constituée avec un capital suffisant et elle aura, sans aucun doute, beaucoup d'actionnaires qui lui faciliteront ses débuts et qui s'intéresseront à son avenir. Le fondateur espère que les grands dignitaires des principaux Etats d'Amérique et de l'Europe s'intéresseront vivement à sa première création en France et, par la suite, le fonctionnement propagera l'œuvre dans l'Univers entier. Elle commencera ses opérations dans très-peu de temps. Avec l'organisation que le fondateur apportera, il compte avec raison que la Compagnie possédera un personnel de fonctionnaires qui ira tous les jours en augmentant. Le fondateur étudie en ce moment encore plusieurs autres projets de libéralisme, ce qui pourra lui permettre d'avoir incessamment tous les éléments grandissants, une élévation continuelle en même temps qu'une victoire complète sur tous les sectaires ennemis de la paix universelle des peuples. La Compagnie qui sera créée fera une concession en donnant à 125 francs des actions qui seront appelées à acquérir avant peu une valeur supérieure, alors surtout que chaque action sera garantie par la prospérité de la grande association, remboursable par voie de tirages annuels, à une époque déterminée par le gouverneur et le Conseil d'administration, et chaque titre sera accompagné de ses intérêts à 5 % l'an, mais elle voudra, par ce moyen, avoir dans toutes les villes des Deux-Amériques et de l'Europe, des actionnaires qui seront autant d'auxiliaires intéressés au succès de la Compagnie et de la grande corporation universelle libérale qui s'en suivra. Les acheteurs de ces actions trouveront là un énorme avantage qui fera d'un tel placement de fonds une affaire archi-exceptionnelle.

Des bénéfices probables

Supputer les produits d'une entreprise aussi considérable sera une chose peu aisée, tout le monde sait que pour les compagnies qui se sont bornées à faire la banque et rien que la banque, les résultats ont été merveilleux, lorsque des capitalistes honorables et habiles ont sû avoir un égal souci des intérêts des actionnaires et de ceux des tiers. Il suffira, ainsi que le démontrera le but du fondateur, de jeter un coup d'œil sur les grands principes de solidarité libérale, sur les dogmes philosophiques et sur les doctrines d'émancipation philanthropique pour se rendre compte de la valeur qui devra être très recherchée des actions de la Compagnie Générale des Travailleurs-universels qui va se fonder.

Quelle sera la garantie de la Compagnie Générale dss Travailleurs-Universels.

Le Capital qui sera fixé de cette Compagnie devra être employé en acquisitions d'immeubles, qui devront servir pour des Temples Libéraux des Salles de Conférences libérales, de réunions de sociétaires libéraux, des Agences succursales, où la Société provoquera des appels, où elle percevra des droits d'entrée et où elle ordonnera des quêtes générales au profit de la grande association Humaine-libérale. En outre dans toutes ses succursales, il y aura des registres qui établiront sommairement les noms des sociétaires qui demanderont des Travailleurs, à quels titres que ce soit, de tous les corps d'Etats et professions quelconques appartenant aux deux sexes de l'humanité, et de tous les sociétaires qui voudront être placées gratuitement par les soins de cette Cie, dans toutes les régions où l'association sera développée. Egalement ceux qui ne seront pas sociétaires s'ils ont besoin de travailleurs, ils pourront également s'adresser à la Cie, qui prendra soin de leurs demandes en cherchant en tous lieux et en toutes circonstances à s'intéresser vivement au progrès du travail et à la facilité de découvrir d'excellents sujets qui seront toujours appréciés et recommandés par les chefs de la corporation.

En outre le Capital devra être employé en rentes sur l'Etat, Bons du Trésor ou autres, valeurs créées et garanties par l'Etat, en actions de la Banque de France du Crédit Foncier, en obligations des départements et des communes ou des Compagnies françaises de Chemins-de-Fer qui ont un minimum d'intérêt garanti par l'Etat (Décret du 22 Janvier 1868).

Ces sages prescriptions et d'autres plus étendues qui consisteront en achats de livres, de doctrines dont la Compagnie devra en tirer un grand profit, ainsi que les abonnements dans tous les pays au Journal universel **L'Invincible** et des gratifications, amendes, cotisation, taxes, quêtes générales à verser à l'association par les membres, en général seront la meilleure sauvegarde des actionnaires.

Des avantages spéciaux qui seront offerts par la Compagnie Générale des Travailleurs-universels de la France de l'Europe et des deux-Amériques.

A la tête de la Compagnie, les hommes les plus honorables dirigeront et surveilleront les opérations. Les actions donneront droit, conformément à l'article 57 des Statuts, à un intérêt de 5 % (après prélèvement de la réserve) et à 25 % dans les bénéfices, aux actionnaires le privilège de se faire admettre chefs dans l'association des Travailleurs-Universels.

Indépendamment de tous ces avantages et des garanties énumérées ci-dessus. Le fondateur remettra gratuitement à chaque actionnaire de la Cie Générale des Travailleurs-Universels, une carte d'adepte, avec laquelle il pourra se faire admettre dans l'association soit comme membre honoraire, actif ou sociétaire suivant l'ordre des Statuts et Règlements en vigueur. Ces cartes d'adeptes seront conservées très-précieusement par les actionnaires, qui de cette façon auront la chance et le bonheur pendant dix ans de jouir des entrées gratuites aux conférences et aux réunions de la Société sur la simple présentation des dites. Ils conserveront également le droit de disposer de leurs cartes en faveur de leurs parents ou amis aux cas qu'ils ne voudront en profiter personnellement. Les Remboursements d'actions devront se faire à une époque déterminée par le Gouverneur et le Conseil d'administration. Chaque actionnaire en outre des intérêts de 5 % l'an, conservera tous ses droits dans les bénéfices et dans l'actif social de la Cᵢₑ « des Travailleurs-Universels ». Il conservera également le droit de disposer de ses actions comme il l'entendra, de les vendre quand il voudra, puisque celles-ci seront négociables après le versement des Cent vingt-cinq francs par action.

Ce seront là, je le répète, des avantages sérieux qui appelleront l'attention de tous les hommes qui seront désireux de faire un placement de grand avenir, qui sera susceptible d'une forte hausse.

Quelles seront les Conditions de la Compagnie ?

Les Actions seront de 500 francs chacune, sur lesquelles il ne sera versé que cent vingt-cinq francs par action, conformément à la loi de 1867 sur les Sociétés.

Elles donneront droit :

1° A une part proportionnelle de l'actif social ;

2° A 5 % d'intérêts, conformément à l'article 57 des statuts de la (Compagnie générale des Travailleurs-Universels), (après prélèvement de la réserve).

3° A 25 % des bénéfices, comme dividende ;

4° A un remboursement certain qui sera déterminé par chaque action, par le Gouverneur assisté de son Conseil d'administration. Les demandes d'actions et les versements devront être adressés au Fondateur,

Gouverneur de la Compagnie des Travailleurs-Universels à Besançon (Doubs) Les fonds pourront aussi être adressés par lettres chargées, par mandats sur la poste, par valeurs payables à vue et par chèques payables dans toutes les banques.

Seront reçus en paiement tous les titres au cours moyen du jour et tous les coupons échéant dans les trois mois de la date du bulletin, sans frais, ni escompte, ni commission. On devra adresser les bulletins d'achat d'actions au Fondateur, Gouverneur de la Compagnie des Travailleurs-Universels à Besançon (Doubs).

Des Obligations pécuniaires et autres diverses.

1° Chaque associé s'engagera à verser régulièrement et par avance, du 1er au 10 de chaque mois, une cotisation mensuelle de vingt-cinq francs par part. Les cotisations pourront être versées par anticipation.

2° Tout sociétaire dont le versement mensuel n'aura été effectué qu'après le dixième jour du mois échu sera passible d'une amende de cinq francs pour chaque mois de retard.

3° Tout sociétaire qui sera en retard de trois mois pour le versement de ses cotisations sera exclu de la société, et dans ce cas il aura droit, comme tout sociétaire démissionnaire, au remboursement des sommes versées par lui, sans intérêts ni bénéfices, sous déduction d'une retenue de 80 °/₀ sur la totalité de ses versements. Le remboursement aura lieu dans les trois mois qui suivront la date de l'exclusion ou la démission. Toutefois si ce délai était insuffisant, il serait accordé à la Société, La Caisse d'Epargne des Travailleurs-Universels, le temps nécessaire pour effectuer le ou les remboursements.

Tout sociétaire exclu ou démissionnaire ne pourra en aucun cas exiger la vente des titres. Les remboursements devront être faits avec les fonds de réserve et les versements mensuels ; et si le fonds de réserve sera jugé insuffisant ou non-disponible dans le moment à cet effet, ces remboursements seront remis à une échéance de 5 ans. Les amendes ne seront pas remboursables.

4° Chaque associé pourra céder ses droits et titres, en fournissant un remplaçant. Le livret devra être à jour des versements exigibles au moment de la cession. De nouveaux membres pourront être admis dans le cours d'une période, en payant les cotisations échues depuis le commencement de la période et dans le cas présent ils auront droit à la répartition suivant la quotité attribuée à chaque part et à partir du jour de leur admission. De nouveaux membres pourront être également admis dans le cours d'une période sans verser les cotisations échues, mais dans ce cas ils n'auront droit à la liquidation que proportionnellement aux versements effectués par eux et aux bénéfices réalisés par la Société, La Caisse d'Epargne des Travailleurs-Universels, depuis leur adhésion.

5° Il sera délivré à chaque associé un livret à son nom établissant ses droits. Ce livret, dont le coût sera de 5 fr. 75, sera signé du Président et du Trésorier. Les versements mensuels y seront inscrits ainsi que le numéro des titres acquis par la Société, la Caisse d'Epargne des Travailleurs-Universels, au fur et à mesure de leur acquisition.

6° L'administrateur qui, sans motifs sérieux adres-

sés au Conseil, manquera trois fois consécutives aux
réunions, sera avisé qu'il sera, par ce seul fait, démissionnaire ; il sera procédé à son remplacement dans
les limites prescrites par l'article treizième des statuts.
En présence d'un fait grave, le Conseil devra se réunir
dans le plus court délai possible et convoquer, s'il le
juge nécessaire, les sociétaires en Assemblée générale
extraordinaire. Tout membre du Conseil qui manquera
à la réunion sera passible de l'amende de vingt-cinq
francs, cependant les membres présents à la réunion
suivante pourront ne pas appliquer l'amende s'ils
reconnaissent le cas de force majeure.

7° Toute discussion politique dans le sens de tendances oppressives, sera formellement interdite dans
les réunions, sous peine d'une amende de trois cents
francs pour celui qui s'en sera rendu coupable pour
la première fois et de cinq cents francs pour les suivantes.

8° Toutes les adhésions et les demandes de renseignements devront être reçues par correspondance, au
siège social à Besançon (Doubs). Le paiement des
cotisations devra avoir lieu du 1er au 10 de chaque
mois inclus, de 7 à 9 heures du soir. Toutes les cotisations ne seront exigibles que jusqu'à la somme de
125 francs, il y aura aussi des contrats plus impor-
tants, jusqu'à l'échéance de 5 années, par mensualités
ou par trimestres. Les sociétaires en dehors de Besançon et à l'Etranger pourront envoyer leur cotisation
en un mandat poste ou chèque sur ou par un tel
moyen à leur convenance. Ils devront indiquer : 1° Le
numéro du ou des livrets ; 2° le nombre de mois qu'ils
verseront sur chaque titre ; 3° leur adresse exacte. Ils
seront en outre priés de joindre 75 centimes en tim-
bres-poste pour la réponse.

9° Tout intérêt ou dividende non-réclamé dans les cinq ans de son exigibilité sera acquis au Gouverneur de fait et de droit.

10° Le Gouverneur prélèvera 40 % pour son avoir à lui dûment acquis au moment même que le fonds de réserve sera partagé entre toutes les actions qui aura lieu à l'expiration de la première Société et après la liquidation de ses engagements.

11° Sur la demande des liquidateurs, au cas de dissolution de la Société, mais qui devra être accompagnée de l'autorisation du Gouverneur, les actionnaires seront tenus d'effectuer les versements nécessaires pour éteindre le passif, jusqu'à concurrence de ce qui sera dû sur leurs actions.

12° Après constitution, la Société devra supporter tous les frais nécessités par sa formation, le Gouverneur en réglera toutes les dispositions générales.

13° Tout titulaire d'une carte qui la perdra, ne pourra plus en obtenir une nouvelle, qu'à la condition qu'il payera la taxe imposée par les tarifs de l'Association. Il y aura trois sortes de cartes d'adeptes travailleurs-universels. La première sera de sociétaire travailleur-universel, la deuxième sera de membre actif travailleur-universel et la troisième sera de membre honoraire travailleur-universel. La quatrième classe sera considérée aux cas prévus comme carte de première classe.

14° Les membres honoraires qui ne seront pas actionnaires ne seront jamais astreints d'assister à aucune réunion, ils pourront y assister avec une carte d'admission qui devra être délivrée par la Présidence, dont le coût sera de deux francs.

15° Le Président de la Compagnie sera le Fondateur, qui sera aussi le Directeur-Général ou le Gouverneur de la Caisse d'Epargne des Travailleurs Universels. Toutefois avec le consentement du Fondateur ou après son décès, le Président ne pourra être qu'un Conseiller d'administration ou le Vice-Président qui sera déjà en fonction de préférence. Faute du choix de premier ordre, c'est-à-dire du Vice-Président ou d'un Conseiller d'administration, on pourra encore accepter un Maître de réunion de première classe, celui qui aura déjà fait quelques écrits ou qui sera auteur de plusieurs livres dans l'Association. Le Président de la Compagnie aura pour toute rétribution de ses fonctions la somme de 6000 francs par an, puis le 40 °/₀ sur le montant de la recette de la Compagnie; comme Gouverneur il aura encore 4000 fr. par an en plus et 20 °/₀ sur le montant général de la recette de la Compagnie. Le Vice-Président devra être nommé par un Conseil d'administration de douze membres pour une durée de cinq années, à cette fonction le Conseil ne pourra admettre qu'un Conseiller d'administration ou un Maître de réunion, âgé de 45 ans au minimum. Le Vice-Président aura pour toute rétribution de ses fonctions la somme de 600 francs par année et une autre indemnité de 1200 francs pour la totalité de tous bénéfices. Le Secrétaire-Général, le Trésorier-général, Secrétaire, Trésorier et Censeurs ne devront avoir pour toute rétribution qu'à chacun 600 fr. par année et une autre indemnité de 1000 fr. pour la totalité de tous bénéfices; ils devront être nommés par un Conseil d'administration de douze membres pour une durée de deux ans et demi, le Conseil ne devra admettre à ces fonctions que des Maîtres de réunion, des Sous-Maîtres de réunion et

des Inspecteurs de groupes, etc. La Caisse générale des recettes de la Compagnie sera tenue par M. le Président de la Compagnie, Fondateur et Gouverneur de la Caisse d'Epargne des Travailleurs-Universels. L'autorité du Président et du Vice-Président sera seule reconnue, ils pourront eux seuls révoquer et nommer avec l'aide du Conseil d'administration.

16° L'actif de la Compagnie, c'est-à-dire tout ce qui devra rester en avoir devra être utilisé comme il suit : chaque année le Président devra percevoir 10,000 fr. plus 60 °/₀ sur le montant général de la recette de la Compagnie pour ses émoluments personnels, puis une somme de 1,800 fr. par année pour ceux du Vice-Président, puis 1,600 fr. par chaque autre chef par an, tels que Secrétaire-Général ou Trésorier-Général.

Le reste de la recette après déduction qui sera faite de ces sommes devra être employé : 1° 50 °/₀ pour le fond de réserve de la Compagnie puis ce qui restera après ce prélèvement devra être employé à l'achat de bâtiments et à soutenir les droits libéraux en général, œuvres de propagandes libérales, philanthropiques, charité sociale, distributions de secours aux indigents ou nécessiteux de la corporation seulement,

17° Tous les autres grades, Conseillers d'administration, Maîtres de réunions, Sous-Maîtres de réunions, Inspecteurs de groupes, Sous-Inspecteurs de groupes, Lieutenants de groupes, Sous-Lieutenants de groupes ne devront être qu'honoraires et ils ne devront avoir droit comme tels qu'à de certaines rétributions fixes, qui devront être accordées par le Président et fixées par lui seul, assisté de son Conseil d'administration.

Certains membres actifs qui seront auteurs d'écrits devront aussi recevoir de notables rétributions qui devront être fixées par le Président.

18° De préférence, la Présidence assistée de son Conseil d'administration devra choisir pour les fonctions honoraires de Maîtres de réunions, Sous-Maîtres de réunions, Inspecteurs de groupes, Sous-Inspecteurs de groupes, Lieutenants de groupes et Sous-Lieutenants de groupes, des membres actifs qui devront être auteurs de quelques écrits pour l'association et d'un mérite doctrinal-libéral bien reconnu.

19° Les Conseillers d'administration pourront être nommés indistinctement parmi les membres actifs qui devront déjà être élevés à ces grades déterminés, mais chaque conseiller qui sera nommé pour deux ans et demi devra payer la somme de 25 fr. pour son admission à cette période de temps. Et en outre de sa carte d'admission comme Conseiller, il devra payer une cotisation mensuelle unique de 3 francs par mois.

20° Pour être reçu adepte Travailleur-Universel, il devra suffire au Candidat d'adresser sa demande à Monsieur le Président de la Compagnie, laquelle devra bien préciser l'âge, le lieu de naissance, le domicile, la profession et si le candidat est veuf, célibataire ou marié, le nombre d'enfants s'il est marié s'il jouit de ses droits civils et politiques, s'il a d'excellents renseignements ou certificats à fournir tant sur sa conduite, sur ses antécédents que sur son travail, son intelligence, sa moralité et son instruction.

Toutes les demandes seront reçues indistinctement, celles de majeurs, mineurs des deux sexes, femmes mariées, demoiselles et veuves.

21° Chaque adepte Travailleur-Universel pour être admis, s'il est du sexe masculin, sera obligé de payer la somme de 25 francs, pour son admission seule comme adepte Travailleur-Universel, puis une cotisation mensuelle de 50 centimes par mois, pendant toute la durée de son stage d'adepte.

22° Chaque adepte Travailleuse-Universelle pour être admise étant du sexe féminin, sera obligée de payer la somme de deux cents francs pour son admission seule comme adepte travailleuse-Universelle, mais en ce cas aucune cotisation ne sera exigée.

23° Il sera accordé du terme pour le paiement des sommes d'admission, à la volonté de chaque adepte, au cas préalable de nécessité reconnue.

24° Tous les adeptes travailleurs-universels qui habiteront les pays étrangers stipulés dans les statuts généraux de la corporation, ne devront payer aucune cotisation, mais ils seront tenus dans les deux sexes indistinctement, de payer au comptant la somme de cent francs pour la carte de membre honoraire travailleurs-universels.

25° Chaque adepte du sexe féminin pourra avoir le droit aux grades ci-après : membres en activité, honoraires, en payant en surplus une admission de cinquante francs, sur le reçu de cette somme, la Présidence pourra délivrer des cartes d'admission de membres en activité, et au cas d'un paiement de douze francs, des cartes de membres honoraires.

26° Les étrangers pourront être nommés membres actifs dans les cas prévus par la présidence et aux autres grades de la Compagnie également.

27° Les adeptes du sexe féminin pourront encore

avoir le droit de conquérir tous les grades ci-après, savoir : maîtresses de réunions, sous-maîtresses de réunions, inspectrices de groupes, sous-inspectrices de groupes, lieutenantes de groupes, sous-lieutenantes de groupes, à la condition expresse d'un paiement désigné par chaque grade obtenu.

28° Toutes adeptes du sexe féminin ne pourront obtenir les grades désignés à l'article 27, que si elles sont membres en activité, et à ces conditions-ci : sous-lieutenantes de groupe cent francs d'admission, lieutenantes de groupes deux cents francs d'admission, sous-inspectrices de groupes deux cent cinquante francs d'admission, inspectrices de groupes trois cents francs d'admission, sous-maîtresses de réunions cinq cents francs d'admission, et maîtresses de réunions trois mille francs d'admission.

29° Les sociétaires du sexe féminin qui auront pu obtenir ces grades stipulés les conserveront à vie, elles ne pourront jamais être révoquées qu'aux cas d'inconduite prévus par les statuts généraux de la Compagnie.

30° Aux cas échéants de révocation quelconque, rien ne sera remboursé par la Compagnie, car toutes les cotisations et sommes de paiements appartiendront de fait et de droit à la Présidence et à la Compagnie.

31° Le Conseil d'administration pourra être composé de douze membres, on admettra les dames, célibataires ou mariées qui seront déjà membres en activité, à la condition qu'elles paieront le droit d'admission à raison de vingt-cinq francs comme les messieurs, la Présidence aura la faculté de préférer la moitié du Conseil en dames, pourvu que six membres actifs soient nommés parmi les hommes.

32° Les cartes d'admission comme membres honoraires ne seront délivrées que par la Présidence, contre paiement indistinct de douze francs par carte d'admission pour les dames et dix francs par carte d'admission pour les Messieurs.

33° Les cartes d'admission comme membres actifs ou sociétaires, se paieront indistinctement à raison de cent francs ou plus des droits d'adepte par carte.

34° Les cotisations mensuelles seront fixées en général de cette façon-ci : les dames ne paieront aucune cotisation mensuelle, les messieurs en paieront selon les prescriptions ci-après :

35° Les cotisations mensuelles seront fixées ainsi : Un membre honoraire paiera 75 centimes par mois, un membre actif 1 fr. par mois.

36° La Présidence ne pourra exiger aucune limite de temps prescrite pour passer du grade d'adepte à celui de membre honoraire, ni à celui de membre actif, les droits seuls seront exigibles, ils ont été définis et taxés proportionnellement à l'importance des grades.

37° La Compagnie pourra avoir le droit de désigner douze prédicateurs libéraux philanthropiques qui devront se rendre dans les réunions pour y prêcher les grandes vérités et les vraies lumières du Libéralisme universel, le salut des sociétaires, chaque prédicateur aura droit à chaque prédication à une rénumération de cinquante francs. Une quête sera faite à chaque fin de trimestre à cet effet, dans toute la Compagnie des Travailleurs-Universels.

38° Pour l'obtention des grades les messieurs devront payer la moitié de la taxe des dames, mais alors ils devront à chaque grade, augmenter le prix de leur cotisation mensuelle de 5 francs par mois en plus en progressant dans la hiérarchie libérale des Travailleurs-Universels.

39° Les grades plus élevés que ceux de membres actifs pour les messieurs seront encore soumis sous la juridiction des dames équivalentes à ceux-là et ils ne seront pas à vie, mais pour une période de deux ans et demi.

40° Toutes les membres en activité, qui seront gradées comme le prescrit l'article 28 auront le droit de commandement sur les chefs de même titre, cathégorie, et les messieurs devront en toutes circonstances exécuter fidèlement les ordres de mesdames et mesdemoiselles du pouvoir libéral des Travailleurs-Universels.

Projet de quelques autres avantages immédiats.

1° Renseignements commerciaux gratuits pour tous les membres quels qu'ils soient.

2° Comme je l'ai déjà annoncé placement gratuit des sociétaires sans emploi.

3° Indemnité en cas de maladie aux membres actifs seulement :

4 fr. par jour pour les dix premiers jours ;
2 fr. 50 par jour pour les quinze jours suivants ;
1 fr. par jour pendant le reste de la maladie.

La Société toutefois limitera le nombre de jours accordés, comme maximum à 40 jours en totalité, les chefs auront le droit, quels qu'ils soient, à un semestre aux cas qu'ils seront admis par les docteurs de la

Compagnie, et autorisés par le Président, assisté de son Conseil d'administration.

Les indemnités à accorder aux chefs en cas de maladie pourront être fixées ainsi :

4 fr. 50 par jour pour les vingt premiers jours ;
3 fr. par jour pour les trente jours suivants ;
2 fr. par jour pendant le reste de la maladie.

4° Inhumation des membres décédés aux frais de la Société, seulement de ceux qui seront membres actifs et dans certains cas désignés par la Présidence, assistée de son Conseil d'administration.

5° Aide de la veuve, des enfants, des père et mère âgés ou infirmes du sociétaire membre actif décédé, suivant décision du Président assisté de son Conseil d'administration et dans la mesure qu'il pourra fixer.

6° Rapatriement du sociétaire laissé sans ressources dans une ville quelconque où la corporation sera développée. Par exemple dans ces pays-ci : les Deux-Amériques, la Russie et la France. Frais faits à titre d'avance aux membres actifs de la première classe seulement.

7° Les pensions de retraite pourront être aussi fixées par la création d'une Assurance, qui devra être intitulée : La Caisse Générale des Rentes viagères des Travailleurs-Universels, laquelle branche pourra être assimilée aux services de la grande Compagnie générale des Travailleurs-Universels.

L'indemnité en cas de maladie étant suffisante, la Société ne pourra accorder ni médecin, ni pharmacien à ses membres, exception faite à ceux d'à partir du grade de maîtres de réunions jusqu'à celui de Président, mais elle pourra organiser un service médical à Paris et dans un grand nombre d'autres villes. Les médecins correspondants demanderont aux sociétaires actifs 2 fr. 50 par visite à domicile, et 1 fr. 50 par consultation dans le cabinet. Les pharmaciens fourniront les remèdes à des prix réduits et convenus.

Ce service pourra être promptement organisé et généralisé selon les prescriptions qui devront être fournies par le Fondateur. Le Fondateur aura le soin en temps opportun de faire annoncer les listes des médecins et des pharmaciens qui pourront être les correspondants de la Société des Travailleurs-Universels.

Projets à l'Etude.

Par Amédée CATTEY, Fils Aîné, Fondateur et Auteur de toutes les brochures qui seront publiées de ses œuvres, pour la nouvelle création de cette association qui pourra avoir lieu.

Remarque. En soumettant la première brochure à l'appréciation de tous les lecteurs, qui auront l'avantage de l'acheter, j'ai voulu en premier lieu, par le moyen d'une vente qui sera assurée en France et à l'Etranger, amener l'idéal du monde à la croyance de la possibilité matérielle et incontestable d'un premier acheminement à la réalisation de l'organisation générale de cette entreprise, qui, dans les débuts, pourra être considérée avec raison par le Gouvernement et par les autres puissances comme le moyen le plus actif et le plus énergique pour l'amélioration du progrès du travail et de l'industrie en France, pour assurer, par les rouages de cette importante corporation, les grands principes d'un libéralisme qui n'aura de puissance et d'efficacité que par l'amélioration pure

et simple du moral du travailleur, par les stimulants
qui lui seront garantis dans une certaine sphère, tant
pour le développement du progrès civilisateur que
par les premières maximes mêmes de cette œuvre
hardie, qui devra amener le sociétaire à la possibilité
matérielle de parvenir à un bien-être social relatif,
qu'il saura déjà atteindre par toutes sortes de procé-
dés qui ne devront pas tarder à être mis en pratique
et à la portée du plus humble comme du plus riche.

Le Fondateur compte aussi sur l'appui de quelques
grands dignitaires de la France, de l'Europe et des
Deux-Amériques, pour arriver définitivement au but
qu'il s'est proposé d'atteindre. Il ose espérer que le
public bienveillant aura bien l'urbanité de lui accorder la faveur de lire avec une grande attention tous
les documents qu'il aura l'honneur de mettre en
circulation, il saura par la suite se rendre digne de la
confiance que le public intelligent voudra bien lui
accorder, il fera publier toutes ses œuvres qui sont
déjà annoncées dans ce petit recueil dans quelque
temps. Déjà dans trois ou quatre mois sa seconde
brochure pourra paraître.

Les autres projets qui sont à l'étude ne seront soumis par le Fondateur que comme un excellent point
d'appui qui pourra servir utilement à hâter la prochaine installation de la Caisse d'Epargne des Travailleurs-Universels, qui devra avoir son premier
siège à Besançon (Doubs). Toutes les correspondances
seront reçues à Delle (Territoire de Belfort) par le
futur fondateur CATTEY Fils aîné. Il recevra également toutes les demandes de renseignements quelconques en ce lieu jusqu'à nouvel ordre, avec tous
les envois qu'on daignera lui faire parvenir. Tous les

donataires qui voudront se faire inscrire avant la date
même de la constitution définitive de la première
Société, c'est-à-dire ceux qui voudront adhérer aux
bases d'organisation de la corporation future recevront le titre extra-honoraire de membres fondateurs
s'ils font un don assez important au Fondateur en
faveur de l'œuvre et pour les premiers frais nécessités
par lui. Il est bien entendu que le fondateur refusera
tous les dons qui pourraient lui être adressés, s'ils ne
proviennent pas de personnages jouissant entière-
ment de leurs droits civils et politiques et qui aient
l'intention de devenir soit membres honoraires ou
membres actifs. Ces premiers dons seront employés
dans le début, par le Fondateur, à payer les premiers
frais qui seront nécessités par la marche ascendante
du mouvement de l'entreprise.

Les petites offrandes qui pourront être faites en
faveur de la réussite de cette œuvre pourront aussi être
admises et en ce cas, ceux qui les auront faites par
des envois adressés au Fondateur à Delle, devront
nécessairement signer leurs lettres d'envoi. Toutes
les personnes qui achèteront la première brochure
devront la lire personnellement.

L'adresse actuelle du Fondateur est celle-ci jusqu'à
nouvel ordre : A Monsieur Amédée CATTEY Fils aîné,
à Delle (Territoire de Belfort) (Haut-Rhin- France).

Il a l'honneur de prévenir l'honorable public qu'il
conservera toujours cette résidence actuelle malgré
même la prochaine installation d'un premier siège
social, qui devra être faite à Besançon.

Ainsi tout pourra lui être adressé par la poste. Ce
sera là le seul moyen de correspondance avec lui.

Quels sont les projets à l'Étude.

Je veux à cette place me borner tout simplement à les nommer par les Titres qu'ils ont et qu'ils devront conserver.

1° Principal Manuel de gymnastique à l'usage des Travailleurs-Universels.

2° Un Manuel qui exposera en général de certaines réformes à introduire dans la police de province, lequel ne fera que parler des avantages qui pourront en résulter au point de vue de leur prise en considération par les Ministres et les Législateurs.

3° Un Exposé sommaire qui sera soumis par Amédée Cattey pour faire valoir la bonne organisation d'une seule concentration policière en France.

4° Un traité du vrai élément policier où l'on pourra reconnaître la primogéniture de la Police Parisienne, de celle des grandes citées, comparée, Exemple : La Police New-Yorkaise aux Etats-Unis du nord de l'Amérique.

5° D'autres documents paraîtront encore, qui seront Les droits de la femme, et qui traiteront aussi sur une vaste échelle des égards dûs au beau sexe.

6° Des Etats bien précisés feront encore mention des principales branches d'Etude que le fondateur compte annexer à sa seconde brochure qui sera mise en vente à l'honorable public étranger et français. Ces branches diverses recevront leur application morale et progressive dans l'union même des Travailleurs-Universels sur le globe.

Les cabinets d'Etude mis à la portée de tous les membres de la grande corporation-universelle, où ils pourront apprendre- les langues- étrangères par le moyen le plus commode, c'est-à-dire celui que ces salles d'Etudes seront offertes gratuitement par la Compagnie à tous les sociétaires qui y auront un libre accès le soir après leurs labeurs.

Quels seront les Motils d'exclusion dans l'Association des Travailleurs - Universels.

L'Exclusion pourra être prononcée en assemblée Générale sur la proposition du Conseil d'administration à M. le Président et sans discussion quand il l'acceptera.

1° Pour condamnation infamante ;

2° Pour préjudice causé volontairement aux intérêts de la Société ;

3° Pour tout acte contraire à l'honneur ;

4° Pour conduite notoirement scandaleuse.

Sauf le cas de condamnation infamante, le sociétaire à quel degré il appartienne dont l'exclusion pourra être proposée, sera invité de se présenter devant le Conseil pour être entendu sur les faits qui lui seront imputés ; s'il ne se présente pas, son exclusion sera prononcée en Assemblée Générale après une nouvelle invitation à lui faite.

5° Le Président devra faire cesser le droit de faire partie de la Société, les membres autres que les titulaires de carnets d'Epargne qui n'auront pas payé leurs cotisations depuis un semestre. Cependant il pourra surseoir à l'application de cet article, lorsqu'il lui sera prouvé que le retard du paiement du sociétaire sera occasionné par une circonstance indépendante de sa volonté. En ce cas, il pourra même lui être fait la remise de tout ou partie de sa dette, par une

décision d'un Conseil qui sera composé du Président
assisté de trois dames patronesses ; mais alors la
comptabilité portera en recette, comme cotisation
rentrée, et en dépense, comme secours accordé la
somme dont la remise aura été ainsi faite. Si le retar-
dataire ne répondait pas aux deux convocations qui
devront lui être adressées, il lui sera fait une application sans aucun appel alors.

Quelques Considérations sur le développement que pourrait avoir La Corporation des Travailleurs-Universels.

Trois premiers grands dignitaires qui seront choisis
dans les puissances de la France, de l'Amérique et
de la Russie, qui auront reçu la lettre circulaire du
Fondateur de l'œuvre, pourront suffire déjà à M. Amédée Cattey Fils aîné, par leur appui qui pourra avoir
lieu, soit par un don important fait au Fondateur pour
poursuivre la tâche qu'il s'est imposée.

Le but affirmé par le Fondateur, qui sera le Libéralisme enseigné et pratiqué dans la Société, les doctrines sociales, humanitaires, philosophiques, avec la
philanthropie pour base principale et les lois hygié-
niques pour la santé publique, amènera la suprématie
même de l'œuvre sur un terrain qui devra être reconnu
par tous les membres de la grande corporation. Les
titulaires qui seront porteurs d'un carnet d'épargne
dans la première Société en participation à l'épargne
deviendront par la suite d'excellents membres actifs
dans l'association même qui sera la Société-Mère des
travailleurs et avec les opérations de cette Caisse
d'épargne, qui seront faites à terme ou par échelon-

nements de paiements, le Fondateur-Créateur et Auteur de tous les écrits, pourra poursuivre son œuvre annoncée avec une pleine activité, une sûreté incontestable, et réaliser même à cet effet une certaine somme en capital qui deviendra disponible pour la deuxième partie de sa création future des trois branches principales. La deuxième combinaison financière proposée et annoncée par le Fondateur devra encore fortifier le capital en réserve de la première. Puis l'apparition du célèbre journal **L'Invincible,** qui paraitra deux fois par mois, donnera le bon moyen au Fondateur, qui en sera le rédacteur en chef, de publier toutes ses œuvres périodiquement avec une sûreté incontestable puisque tout se fera avec le temps. Les bénéfices qui pourront résulter de la Compagnie anonyme de banque et d'épargne, intitulée La Compagnie Générale des Travailleurs-Universels, cumulés avec ceux qui proviendront de la vente du journal **L'Invincible,** assureront désormais avec la pleine activité du fonctionnement de l'association-mère un résultat satisfaisant. Le journal sera créé pour faciliter le groupement des sociétaires ou pour leur faciliter leur admission dans la Société, par sa propagation dans les trois puissances. Par ses éléments libéraux, philanthropiques et toutes ses doctrines, il devra arriver à unir, à solider la corporation en l'implantant d'une manière invincible dans tous les pays et en aplanissant toutes les difficultés qui surgiront de l'envie, de la jalousie d'adversaires qui ne manqueront jamais de semer la discorde ou de chercher à empêcher le bien-être social de l'humanité par leur oppression que le peuple civilisé repoussera désormais avec un profond et superbe dédain.

De la Cote des Prix du Journal L'INVINCIBLE

Ce journal périodique d'un grand format pourra se payer à raison de 50 centimes le numéro par sociétaire et par tout autre acheteur qui ne sera pas sociétaire à raison de 1 fr. le numéro. Il ne paraîtra qu'une fois par quinzaine dans les débuts. Tout abonné sera tenu de payer son abonnement par semestre ou par année en payant à l'avance le prix de son abonnement.

Pour Paris et la France le prix sera fixé par semestre à raison de 6 francs par chaque sociétaire, par année 12 francs par chaque sociétaire.

Pour l'Europe pour les sociétaires, à raison de 8 francs par chaque abonné, et à raison de 16 francs par année par chaque abonné.

Pour les Deux-Amériques à raison de 10 francs par semestre par chaque sociétaire abonné, et à raison de 20 francs par année par chaque sociétaire abonné.

Pour tous les abonnés qui ne seront pas sociétaires les prix seront ainsi fixés :

	Semestre	Année
Pour Paris	12 fr.	24 fr.
Pour la France	16 fr.	32 fr.
Pour l'Europe	20 fr.	40 fr.
Pʳ les Deux-Amériques	25 fr.	50 fr.

Il pourra être fait des réductions importantes à ces prix établis au profit des marchands de journaux sociétaires de l'œuvre, et de petites réductions à ceux qui achèteront des numéros du journal régulièrement, qui seront marchands de journaux et même non-sociétaires de l'œuvre.

Dernier Résumé des Considérations.

L'Association-Mère, libérale-philanthropique des
Travailleurs-Universels de l'Europe et des Deux-
Amériques, qui n'admettra, dans son ensemble, dans
les débuts que douze mille sociétaires en France et
cinquante mille en Europe et les Deux-Amériques,
pourra arriver par ce puissant moyen d'action, surtout par la noblesse de ses projets et par la structure
même de ses moyens d'admission des candidats ; à la
facilité du développement infini des merveilleuses
pensées, des actes du libéralisme et de la philanthro-
pie-universelle, surtout quand il s'agira, comme dans
l'Association des Travailleurs-Universels, que tous les
acheteurs ou titulaires d'un carnet à la caisse d'épargne des Travailleurs-Universels auront déjà le droit
par cette première opération contractée par eux, à
une carte d'adepte Travailleur-Universel, qui devront
leur procurer pour une période de dix années le droit
d'assister gratuitement, eux ou leurs parents et amis,
à toutes les réunions et les conférences de l'association. Par la possession de ces cartes, ils seront non-
seulement titulaires des titres qu'ils auront achetés,
mais bien actionnaires de la Compagnie, associés en
un mot dans tous les bénéfices ou les pertes qui pourront avoir lieu dans les opérations de l'entreprise, ils
deviendront de préférence des membres actifs dans
l'association-mère et même ils auront encore le droit
suivant leur conduite, leurs aptitudes et leur intelligence aux grades hiérarchiques universitaires préfé-
rablement à tous les autres membres actifs qui ne
seront pas des titulaires de carnets d'épargne à la
Caisse d'épargne des Travailleurs-Universels. Les

membres actifs qui ne seront pas titulaires d'un carnet devront payer une cotisation mensuelle de 1 franc
et un droit d'admission par carte de cent francs qui
sera supplémentaire à celui d'adepte. Les membres
honoraires ne paieront qu'une cotisation mensuelle
de 75 centimes et un droit de dix francs d'admission
par carte. Outre qu'on ne devra avoir aucun égard
aux délais de temps qui pourront être considérés hors
de ligne de compte pour passer d'un grade à un plus
élevé, la compagnie s'en rapportera aux capacités des
candidats, aux épreuves, aux examens à leur faire
subir, à la conduite qui leur sera imposée ainsi qu'à
l'intelligence et à l'instruction qu'on en attendra. Aux
droits qu'ils seront en devoir de payer pour chaque
nouveau grade obtenu. Il y aura une certaine faveur
à tenir compte aux titulaires des carnets d'épargne
qui seront toujours les préférés proportionnellement
aux versements qu'ils auront exécutés et aux dons
généreux à titre de gracieuseté qu'ils auraient faits
au Fondateur pour les premiers frais de mise en
introduction de l'œuvre.

Observation importante

Pour ce qui a rapport aux émoluments du futur
Fondateur, Président et Gouverneur, qui est l'auteur
de toutes les brochures qui sont annoncées et
qui paraîtront bientôt dans le public, les lecteurs
et tous les acheteurs de la première brochure sont
priés de n'avoir aucune considération aux chiffres
qui sont avancés dans ce petit recueil, car il va sans
dire que ces émoluments ainsi que les commissions
qu'il sera en droit de percevoir ne pourront comme

pour tous les autres n'être fixés par l'auteur, qu'au moment même qu'il sera possible de le faire d'une manière non-équivoque et raisonnable, c'est-à-dire proportionnellement à la réussite des Compagnies et de la Corporation.

Signe, Insigne et Emblême.

1° Le seul insigne extérieur, qui devra distinguer les adeptes de la Société des Travailleurs-Universels devra être un petit ruban de satin blanc, sur lequel y sera figurée en soie verte une petite branche qui devra représenter correctement une petite branche de Laurier, munie de trois feuilles seulement qui seront considérées comme devant représenter les 3 grands noyaux de la grande Corporation libérale, philanthropique du monde. La branche comportera toute la structure de cet édifice social et libéral, parce que la partie de l'arbuste représenté devra indiquer exactement les initiales du nom du Fondateur de l'œuvre.

2° Le salut des adeptes de la Société des Travailleurs-Universels devra être celui qui est ordonné par le Gouverneur, qui devra se faire en forme d'un triangle, de la manière prescrite par l'ordre, c'est-à-dire en appuyant le pouce de la main droite d'une part et tous les autres doigts de la même main écartés suffisamment d'une autre part, de façon à figurer la forme d'un triangle sur le côté droit de l'adepte qu'on rencontrera. Toutefois ce signe ne sera par exigible en aucune circonstance, il ne pourra être fait qu'au cas qu'un nécessiteux voudra bien aborder un autre membre en tel cas qu'il le voudra de sa libre volonté. Il est inutile ici que je m'étende sur cette matière,

attendu que j'en parle suffisamment dans ma brochure
qui a pour titre : Les Premières Maximes des Travailleurs-Universels.

3° Dans chaque salle de réunion des Travailleurs-
Universels il devra y avoir à l'entrée de la salle, à
main droite dans l'intérieur, une petite plaque trian-
gulaire en métal blanc, soit en argent de préférence,
ou faite de tout autre métal de même couleur sur laquelle y sera figurée distinctement une petite branche
verte, représentant parfaitement une petite branche
naturelle de Laurier à 3 feuilles. Dans le centre de la
salle, au mur, à une hauteur respectable, sera placée
la bannière de la corporation libérale, philanthropique
des Travailleurs-Universels qui sera toujours l'emblême de la Société, elle ne changera jamais de couleur, ni de tissu. Elle devra être de soie blanche, en
tissu de première qualité de satin autour duquel en
forme de carré symétrique on y verra deux lignes
dont l'une tracée en bleue et l'autre tracée en rouge sur
chaque côté du carré. La branche de Laurier qui figurera en satin vert sera placée au centre de ce carré inté-
rieurement. Le manche de la bannière du Libéralisme
ou la perche sera en bois, peint en vert, à l'extrémité
duquel, qui dépassera le tissu, figurera encore un
triangle en métal blanc, soit en argent de préférence,
ou à défaut de tout autre métal de même couleur, au
centre duquel sera représentée une branche de Laurier
d'un métal vert, aboutissant à chaque face de ce
triangle.

La bannière sera l'emblême des Travailleurs-Universels, quant à ce qui a rapport à l'honneur de la
porter, j'en parlerai dans ma deuxième brochure qui
paraîtra bientôt. Si le Gouvernement l'exige, cette

bannière pourra être munie d'une grande cravatte tricolore dont la forme devra retomber sur la surface entière du tissu de soie blanche de manière à marquer le fond du tissu qui sera blanc. Avec la cravatte tricolore elle n'en vaudra que de mieux, et tous les préjugés, quels qu'ils soient, pourront être écartés, les couleurs seront en conformité aux lois en vigueur comme pour tout l'autre reste qui concernera la Corporation.

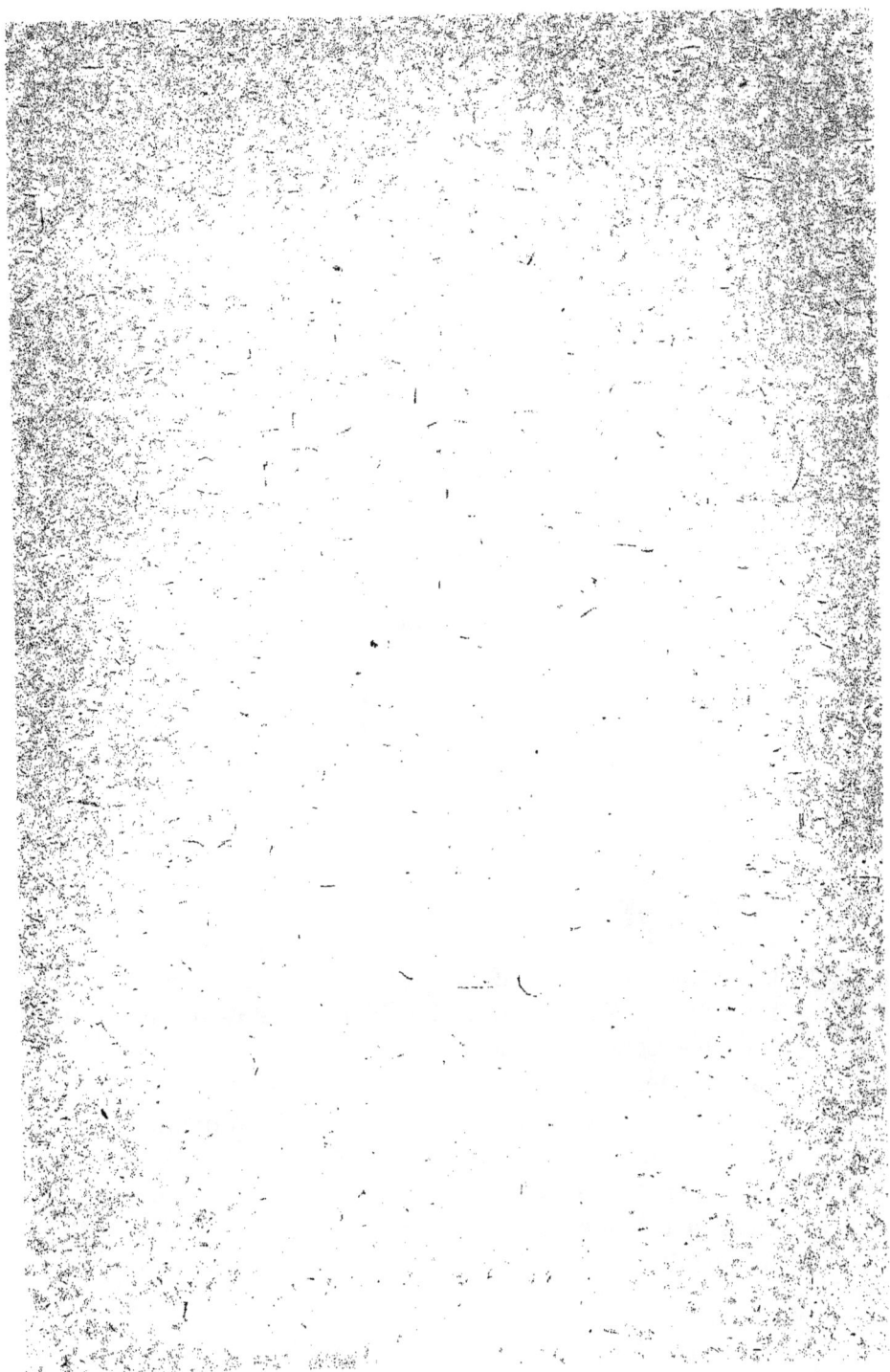

STATUTS

de la Caisse d'Epargne des Travailleurs-Universels

Article premier

Aux termes des articles 47, 48, 49 et 50 du Code de Commerce, il est formé entre tous ceux qui adhèrent au présent contrat, une Société ayant ponr but d'acquérir, à terme et au comptant, des actions libérées de la Compagnie générale des Travailleurs-Universels, dont le capital et les intérêts seront portés lors de la liquidation, entre tous les participants, au prorata de la mise de fonds de chacun d'eux. Et ces fonds ainsi convertis au nominatif, resteront en dépôt dans la nouvelle Société Anonyme de Banque et d'Epargne, intitulée Compagnie Générale des Travailleurs-Universels pous produire de nouveaux intérêts. La Société prend le nom de la Caisse d'Epargne des Travailleurs-Universels, en participation d'Epargne. Le siége social est fixé à..... Il pourra être transféré ailleurs dans la même ville. Les actions seront émises par la Société Compagnie générale des Travailleurs-Univer-

sels à...... 500 francs, libérées à 125 francs, elles
seront achetées par la Caisse d'Epargne des Travailleurs-Universels à....... aux conditions ordinaires de
ses ventes à terme ou au comptant. Les Engagements
seront signés par le Président.

La Compagnie Générale des Travailleurs-Universels
devra fournir immédiatement les numéros des actions
achetées. Et la Caisse d'Epargne des Travailleurs-
Universels devra aussi fournir ces numéros, à raison
d'un par quatre sociétaires, et ce, au fur et à mesure
de leurs échéances à la Caisse d'Epargne des Travailleurs-Universels. Pour les actions achetées au comptant, les titres devront être délivrés à la Caisse d'E-
pargne des Travailleurs-Universels dans les dix jours
qui suivront l'ordre d'achat.

Au fur et à mesure des encaissements, les sommes
perçues seront déposées à la Compagnie Générale des
Travailleurs-Universels à...... au nom du Président
de la Caisse d'Epargne des Travailleurs-Universels,
et quand le montant atteindra le prix d'une ou de
plusieurs actions, avis en sera donné à la Compagnie
Générale des Travailleurs - Universels, qui devra
remettre les titres originaux portant les numéros
choisis par la Caisse d'Epargne des Travailleurs-Universels, et ce, contre paiement en espèces.

Les actions ainsi escomptées seront déposées, sous
le contrôle du Conseil d'administration des deux
Sociétés, par le Président de la Caisse d'Epargne des
Travailleurs-Universels, au siége social de la Caisse
d'Epargne des Travailleurs-Universels.

La Compagnie Générale des Travailleurs-Universels s'engage à fournir, comme moyen de contrôle la
liste de tous les numéros de titres à chaque achat

contracté par la Caisse d'Epargne des Ouvriers-Universels, ainsi que tous les renseignements financiers qui pourraient lui être demandés par la Société.

Article deuxième

Dans chaque cas où la Société la Caisse d'Epargne des Travailleurs-Universels aurait à rembourser un ou plusieurs sociétaires par suite de décès, démissions, ou exclusions, la Compagnie Générale des Travailleurs-Universels s'engage à supporter, pendant quatre mois, même pendant huit mois si cela est nécessaire, la suspension des versements échelonnés y correspondant, sans pouvoir de ce fait annuler les engagements contractés par la Caisse d'Epargne des Travailleurs-Universels.

Article troisième

La durée de la Société, la Caisse d'Epargne des Travailleurs-Universels, sera de cinq années, ses opérations commenceront le 1er XX, pour finir à pareille époque en X.

Il pourra être formé d'autres groupes de sociétaires, dans ce cas la durée de la Société pourra être prolongée pour autant de périodes que besoin. Les périodes sont complètement distinctes entre elles comme partage de bénéfice. Chaque année formera une période.

Article quatrième

A la fin de chaque période, une commission composée du Conseil en fonction et de trois membres nommés à cet effet en Assemblée générale devra établir le compte de liquidation et le partage de l'actif social réalisé au prorata des parts, lequel sera figuratif et continuera comme compte de dépôt à former l'objectif d'achats au comptant, qui devront fusionner plus tard avec la nouvelle branche La Compagnie Générale des Travailleurs-Universels.

Article cinquième

La Société La Caisse d'Epargne des Travailleurs-Universels ne pourra prendre fin avant la durée de cinq ans, à moins que la dissolution soit votée par la Société entière ou la totalité des associés présents à l'Assemblée générale.

Article sixième

Chaque associé s'engage à verser régulièrement et par avance, du 1ᵉʳ au 10 de chaque mois, une cotisation mensuelle de vingt-cinq francs par part. Les cotisations pourront être versées par anticipation.

Article septième

Tout sociétaire dont le versement mensuel n'aura été effectué qu'après le dixième jour du mois échu sera passible d'une amende de cinq francs pour chaque mois de retard.

Article huitième

Tout sociétaire qui sera en retard de trois mois pour le versement de ses cotisations sera exclu de la Société et dans ce cas il aura droit, comme tout sociétaire démissionnaire, au remboursement des sommes versées par lui, sans intérêts ni bénéfices, sous déduction d'une retenue de 80 % sur la totalité de ses versements.

Le remboursement aura lieu dans les trois mois qui suivront la date de l'exclusion ou la démission. Toutefois si ce délai était insuffisant, il serait accordé à la Société La Caisse d'Epargne des Travailleurs-Universels le temps nécessaire pour effectuer le ou les remboursements.

Tout sociétaire exclu ou démissionnaire ne pourra en aucun cas exiger la vente des titres. Les remboursements devront être faits avec les fonds de réserve et les versements mensuels. Et si le fonds de réserve est jugé insuffisant ou non-disponible dans le moment à cet effet, les remboursements sont remis à une échéance de 5 ans. Les amendes ne sont pas remboursables.

Article neuvième

En cas de décès d'un sociétaire, les héritiers ou les ayant-droits seront remboursés de la totalité des versements effectués, ainsi que de la part des bénéfices réalisés par la Société, La Caisse d'Epargne des Travailleurs-Universels, jusqu'au jour du dernier versement effectué par le sociétaire décédé. Ces remboursements se feront dans les délais prescrits à l'article huit, pour les sociétaires exclus ou démissionnaires.

La part des sociétaires décédés pourra être transférée au nom des héritiers ou ayant-droits sur la demande de ces derniers.

Les héritiers ou créanciers d'un associé ne peuvent, sous quelque prétexte que ce soit, provoquer l'apposition des scellés sur les valeurs de la Société, La Caisse d'Epargne des Travailleurs-Universels, ni s'immiscer en aucune manière dans son administration. Ils doivent, pour l'exercice de leurs droits, en référer au Conseil d'administration qui statuera et pourra se réserver le droit d'en référer à la première Assemblée générale.

Article dixième

Chaque associé pourra céder ses droits et titres en fournissant un remplaçant. Le livret devra être à jour des versements exigibles au moment de la cession.

De nouveaux membres pourront être admis dans le cours d'une période, en payant les cotisations échues depuis le commencement de la période, et dans le cas présent ils auraient droit à la répartition suivant la quotité attribuée à chaque part et à partir du jour de leur admission.

De nouveaux membres pourront être également admis dans le cours d'une période sans verser les cotisations échues, mais dans ce cas ils n'auront droit à la liquidation que proportionnellement aux versements effectués par eux et aux bénéfices réalisés par la Société La Caisse d'Epargne des Travailleurs-Universels depuis leur adhésion.

Article onzième

Il sera délivré à chaque associé un livret à son nom établissant ses droits.

Ce livret, dont le coût est de 5 fr. 75, sera signé du Président et du Trésorier.

Les versements mensuels y seront inscrits ainsi que le numéro des titres acquis par la société, la Caisse d'Epargne des Travailleurs-Universels, au fur et à mesure de leur acquisition.

Article douzième

Un mineur peut être sociétaire avec l'autorisation des parents ou du tuteur. Une dame vivant avec son mari pourra également être sociétaire avec l'autorisation de ce dernier.

————

Administration de la Société,
La Caisse d'Epargne des Travailleurs-Universels.

Article treizième

La Société est administrée par un Conseil composé de sept membres élus en Assemblée générale pour deux ans et dont les fonctions sont gratuites.

Le Directeur ou Président a voix pour trois.

Chaque année le Conseil devra être renouvelé par moitié, les membres sortants sont toujours rééligibles.

Le Conseil d'administration n'est autorisé à pourvoir au remplacement d'administrateurs décédés, démissionnaires ou exclus pendant le cours d'un exercice, qu'autant que le chiffre des membres descendra au-dessous de cinq et jusqu'à concurrence de cinq.

Article quatorzième

Le Conseil représente la Société dans la direction de toutes les affaires qui la concernent.

Ses droits sont ainsi définis :

1° Il a le pouvoir de faire les achats d'actions avec l'adhésion du Président ou du Directeur ;

2° De faire effectuer, aux échéances, les versements sur les Titres non libérés et autres ;

3° De s'assurer le remboursement des actions libérées, c'est-à-dire de leur inscription au registre à souche de la Caisse d'Epargne des Travailleurs-Universels au prorata de chacun et aux conditions stipulées de fusion avec la Compagnie Générale des Travailleurs-Universels ;

4° De faire encaisser les amendes appliquées aux sociétaires ;

5° De veiller à ce que les coupons de dividende et d'intérêts des titres soient régulièrement portés à l'actif de la Société de la Caisse d'Epargne des Travailleurs-Universels ;

6° Enfin de faire assurer la stricte exécution des présents statuts.

Cependant il ne pourra, en aucun cas, déléguer ses pouvoirs à un seul de ses membres, hormis qu'au Président, tout pouvoir émanant de lui devra être collectif et indivis au nom de trois ou de deux administrateurs. Le pouvoir donné à ces derniers ne devra pas leur permettre de retirer tout ou partie des titres déposés, ce retrait ne pouvant s'effectuer qu'après une décision prise à l'Assemblée générale.

Toute spéculation est formellement interdite au Conseil d'administration.

Article Quinzième

A chaque Assemblée générale, le Conseil présentera un rapport sur la situation générale de la Société.

Les inventaires auront lieu du 1ᵉʳ au 30 du mois de mars de chaque année.

Les membres du Conseil devront se réunir au moins une fois par semestre en séance ordinaire, au siége de la Société. Tout sociétaire pourra y prendre part.

L'administrateur qui, sans motifs sérieux adressés au Conseil, manquera trois fois consécutives aux réunions, sera avisé qu'il est, par ce seul fait, démissionnaire ; il sera procédé à son remplacement dans les limites prescrites par l'article treizième.

En présence d'un fait grave, le Conseil devra se réunir dans le plus court délai possible et convoquer s'il le juge nécessaire les sociétaires en Assemblée générale extraordinaire.

Tout membre du Conseil qui manquera à la réunion sera passible de l'amende de vingt-cinq francs, cependant les membres présents à la réunion suivante pourront ne pas appliquer l'amende s'ils reconnaissent le cas de force majeure.

ASSEMBLÉE GÉNÉRALE

Article seizième

Les associés se réuniront en Assemblée générale ordinaire une fois tous les deux ans et demie, le deuxième dimanche du mois d'Avril de chaque réunion au siège social. L'Assemblée s'occupera de toutes les questions relatives à l'association.

Les décisions prises en Assemblée générale sont valables et exécutoires à la simple majorité des votants, pourvu que le nombre des présents représente la moitié des associés.

Dans le cas où les membres présents aux premières réunions ne représenteraient pas la moitié des associés, une nouvelle réunion aurait lieu le premier dimanche qui suivrait, et les résolutions prises à cette Assemblée seraient valables et exécutoires à la majorité des membres présents, quel qu'en soit le nombre, pourvu que le Président accorde sa sanction.

Dans aucun cas l'Assemblée générale ne pourra délibérer sur d'autres questions que celles intéressant l'Association.

Tout projet de modification aux présents statuts devra être communiqué par le Conseil d'administration aux sociétaires un mois au moins avant l'Assemblée générale, étant bien compris que le Président y apportera sa sanction, sinon aucune suite ne pourrait avoir lieu.

Article dix-septième

Par le fait de l'adhésion au présent contrat les associés déclarent se soumettre d'une façon absolue aux prescriptions contenues dans chaque article.

Ils déclarent en outre se conformer strictement, sans appel, aux décisions du Conseil d'administration et des Assemblées générales; conséquemment toute action civile est rigoureusement interdite.

Toute discussion politique dans le sens de tendances oppressives, est formellement interdite dans les réunions, sous peine d'une amende de trois cents francs pour celui qui s'en serait rendu coupable pour la première fois et de cinq cents francs pour les suivantes.

(Suivent les Signatures).

DELLE, le 1er Juillet 1886.

AMÉDÉE CATTEY Fils Aîné,

FONDATEUR-CRÉATEUR, GOUVERNEUR ET PRÉSIDENT,

Auteur-Fondateur de la 1re Brochure des Travailleurs-Universels.

Les Statuts de la 2me combinaison financière qui sont déjà élaborés par M. Amédée CATTEY, paraîtront dans sa deuxième brochure très-prochainement, qui sera d'une importance considérable au point de vue de la Propagation universelle de l'Idéal républicain et libéral dans le monde entier.

FIN DE LA 1re BROCHURE.

TABLE DES MATIÈRES

www.ingramcontent.com/pod-product-compliance
Lightning Source LLC
Chambersburg PA
CBHW071010280326
41934CB00009B/2251